古神道祝詞

CDブック

御影舎

古川陽明

解説・奏上

太玄社

目次

序章　祝詞とは何か

第一章　祝詞本文

第二章　祝詞解説

第三章　祝詞奏上法

CD『古神道祝詞』の実践活用法

序章　祝詞とは何か

祝詞の語源

祝詞とは、神道の祭儀の中で、斎主《さいしゅ》が天神地祇《てんしんちぎ》に申し上げる独特の文体の詞《ことば》である。上代《かみよ》の手振りを伝える『万葉集』にも、「日本は言霊《ことたま》の祐《たす》くる国」「言霊の幸《さきは》ふ国」と歌われているように、古来より日本人は、言葉には不思議な霊力があって、天地や神々をも動かすような霊妙な力を持っていると信じていた。

祝詞は、第一にこの「言霊」という概念の元に成立したものである。祝福の善言美詞を発すれば幸福になり、逆に、呪いの呪詛を発すれば不幸になるという考えのもとに、神道では神祇《じんぎ》の由来や御神徳《ごしんとく》を褒め称え、神祇に御加護をいただこうと言霊を尽くして、御祭神に対して祭祀の事由を奏上する詞である。

第二に、本来の祝詞は神主なり巫女なりが神人合一して神が乗り遷るのだが、その祭祀の場に参集している人々に対して「宣《の》り下された神々の言葉」である。

祝詞の語義や語源については学術的に諸説があり、「のり」は「宣る」の名詞形で呪術的な重大な発言をすることとされ、「と」は呪術的な行為とするのが一般的であろう。

祝詞という言葉の初出は、『古事記』上巻の天岩屋戸《あめのいはやと》の段の中で、天岩屋戸に御籠りなされた天照大御神《あまてらすおほみかみ》の前で、中臣氏の祖神の天児屋根命《あめのこやねのみこと》が「布刀詔戸言《ふとのりとごと》」を奏上したことが書かれているが、これが祝詞の初めとされている。

『古事記』の記述を見てもわかるように、祝詞のことを古くは「のりとごと」と呼んでいたが、「のりと」とは「のりとごと」の略であり、中世には「のと」「のっと」「のとごと」などと略されて呼ばれていたこともある。

祝詞の語源や歴史を語れば、それだけで大部の学術書を何冊も書かねばならなくなるので、ここでは簡単な紹介だけにとどめるが、語源からも窺われる祝詞の霊的な力に関しては、実際にＣＤを聴いて体験していただきたい。

祝詞の種類（祝詞と祓詞の違い）

祝詞は、一般的に、目的によって五種類に分類されている。

一、祝詞（のりと）

神社などで通常奏上される、神饌《しんせん》などのお供え物を捧げ、神々を祭る祭儀を行う時に奏上する詞。

二、拝詞（をろがむことば・はいし）

祭儀などは行わず、ただ神々を拝す時に奏上する詞。

三、遥拝詞（はるかにをろがむことば・ようはいし）

遠隔地の神社や神々などを、遥かに拝す時の詞。

四、祓詞（はらひことば）

修祓《しゅばつ》（おはらひの事）を行う際に、祓の神々に「祓清めてください」と奏上する詞。

五、祭詞（さいし）

特別な祭祀の時に勅使（天皇の御使い）が神々に奏上する詞、あるいは神道の葬儀である神葬祭で奏上する詞。

現代では、この五種類を総称して祝詞と呼んでいるため、今回収録した九種の祝詞は、厳密に言えば「祓詞」に分類される。しかし、古神道の祝詞・祓詞は、単純に祓清めの効験だけではなく、拝詞や万能の祈願詞としても使え、さまざまな目的を達する言霊として活用することができるため、ここでは「古神道祝詞」として紹介することにした。

「はらひ」と「はらへ」

一般的には「祓」という字を「はらい（ひ）」と訓んでいるが、「はらえ（へ）」という訓み方もあり、厳密にはこの二つの訓み方には違いがある。

学術的には、古くは「祓」を「はらへ」と訓んだとされていて、それを根拠に現行の神社神道では「祓（はらへ）」と訓んでいる。

しかし、古神道的には「祓（はらひ）」と訓むことが多く、平田篤胤大人《うし》も「はらひ」という訓みを通しておられるので、古神道では「祓（はらひ）」と訓むことが基本となっている。

では、なぜこうした二種類の訓み方があるのかと言えば、古くから伝わる「中臣祓詞（大祓詞）」を見ると、「祓」には大別して「自祓《じばらひ》」と「他祓《たばらひ》」の二種類があったことが関係していると推察できる。

「自祓」とは、「はらひもうし、きよめまをす」という詞でわかるように、自らが祓を行う場合を言い、「他祓」とは「はらひたまへ、きよめたまへ」、つまり祓の神々の力によって罪や穢れを祓っていただく場合を言う。

本居宣長大人も「はらひ」とは自分で祓うことで、「はらへ」とは人に祓ってもらうことだとしている。つまり、「はらひ」は能動的に祓を行おうという自祓であり、「はらへ」は受動的に祓ってもらおうとする他祓であると考えられる。

言霊的には「はらひ」とは「張霊《はるひ》」であり、「霊《ひ》」つまり神々や人の魂であり、また生命力でもある「霊《ひ》」を「張る（はる＝春）」、つまり大きくしていく、強めていく、生み出していくという意味がある。これは「はらへ」では成り立たない言霊であり、「祓」が「はらひ」でなければいけない霊的な理由の一つとも言える。


ここで、あらためて「祓」の始まりとは何かを考えると、『古事記』や『日本書紀』によればその起源は二つあり、一つは伊邪那岐命《いざなぎのみこと》が黄泉《よみ》の国（死後の世界）にて触れた「けがれ」を祓い清めるために、筑紫の日向《ひむか》の橘の小戸《をど》の阿波岐原《あはぎはら》にて禊祓をなさった時であり、二つ目は、数々の罪を犯した須佐之男命《すさのをのみこと》の罪を祓清めた時である。そして、この二つの伝承の一つ目は、禊祓詞（天津祝詞）の起源となり、二つ目は大祓詞の起源となっている。

祓を知る上で重要な点は、祓は単純に汚れを清めるというものではなく、言霊的にはけがれ（気枯れ）、つまり生命力の欠落を補う新しい生命力を与える「張霊《はらひ》」でもあるという点である。

たとえば、伊邪那岐命が黄泉の国に行ったのは、妻神である伊邪那美命《いざなみのみこと》の死によるが、その死という最大の生命力の気枯れを禊祓った時に、最も尊い神である天照大御神《あまてらすおほみかみ》、月読命《つくよみのみこと》、須佐之男命の三貴子が生まれられたということである。これは御阿礼《みあれ》、つまり生命の誕生とは、けがれがあって初めて生命が生まれるという神秘が秘められているのだ。

また、須佐之男命が罪を犯された時には、その罪を背負って天照大御神が天岩屋戸に閉じこもったが、それはつまり擬死であり、生命力の枯渇、つまり気枯れを、祓の秘詞《ひめこと》である「天津祝詞之太祝詞《あまつのりとのふとのりとこと》」を奏上することで、再生して復活するという秘儀が描かれている。

祓とは何かということを、あえて一言で言うならば、魂魄《こんぱく》の生命のけがれ（気枯れ）をあがなって清浄となり、新しい生命力を生み出す産霊《むすび》のわざであると言えよう。

このように、「祓」という言葉の意味や言霊的な力の秘儀を語り尽くすことは到底できないが、ＣＤをよく聴いて、同じように合わせて奏上すると、魂魄が祓い清められ、生命力が無限に湧き出てくるような力を感じられるだろう。これが本来の祓である。

言霊、直霊《なほひ》と曲霊《まがひ》

言霊には、清らかで物事を生み出していく陽的な働きと、濁っていて物事を収縮させていく陰的な働きの二種類がある。この陽的な働きは清らかな魂魄である直霊から生まれ、陰的な働きは濁った魂魄である曲霊から生まれる。

直霊とは、神が人間に与えられた神自身の分霊《わけみたま》であり、神そのものの魂が人間に与えられている。曲霊とは、本来は神の分霊である直霊が、人間のさまざまな穢れに触れて濁ってしまった状態を言う。

つまり、言霊というのは神や人の魂魄《たましひ》から生まれるものであり、その発する神や人の魂魄が清らかであれば、天津祝詞《あまつのりと》によって自他ともに祓清められ、新しい生命力が生まれる。逆に、発する神や人の魂魄が濁っていれば、いくら祝詞や祓詞を何十回、何百回奏上しても、それは清らかな言霊にならず、曲津呪詞《まがつのりと》となって、人々を苦しめてしまう。

戦前に古神道の鎮魂帰神法《ちんこんきしんほう》で世間を席巻し、その影響力の大きさから、二度にわたって国家による不当な弾圧を受けた〈大本《おほもと》〉を生み出した出口王仁三郎《でぐちおにさぶろう》師は、「宇宙にはアオウエイの五大父音が間断なくなり響いて居るが、人々が発する正しからざる言霊によっては之が濁るのであるから、常に天津祝詞を奏上して音律の調節を行ふのである」と言っておられる。さらには、「霊衣（オーラのこと：御影舎注）が薄く山形になっている人は、自分の今までの心のありかたを反省し、大神に心から謝罪し、天津祝詞を円満晴朗に奏上すると、その霊衣は厚きを増し、三角形は円形に立ち直り、死をまぬがれることができる」と、正しい言霊による祝詞奏上の大切さと、その効験を簡潔に説いておられるが、このように天津祝詞を始めとする祝詞や祓詞を日々奏上することにより、自分の魂魄はもとより、宇宙（高天原《たかあまはら》）をも祓い清めることができるのが祝詞であり、祝詞奏上（言霊発射）である。

第一章　祝詞本文

一、禊祓詞《みそぎはらひのことば》（天津祝詞《あまつのりと》・平田篤胤伝《ひらたあつたねでん》）

高天原《たかまのはら》に神留坐《かむづまりま》す
神魯岐《かむろぎ》神魯美《かむろみ》の命以《みこともち》て
皇御祖神伊邪那岐命《すめみおやかむいざなぎのみこと》
筑紫《つくし》の日向《ひむか》の橘《たちばな》の小戸《をど》の阿波岐原《あはぎはら》に
御禊祓《みそぎはら》ひ給《たま》ふ時《とき》に生坐《あれませ》る祓戸《はらひど》の大神等《おほかみたち》
諸々枉事罪穢《もろもろまがことつみけがれ》を
祓賜《はらひたま》へ清賜《きよめたま》へと申《まを》す事《こと》の由《よし》を

天津神《あまつかみ》国津神《くにつかみ》八百万《やほよろづ》の神等《かみたち》共《とも》に
天《あめ》の斑駒《ふちこま》の耳《みみ》振《ふ》り立《た》てて聞食《きこしめ》せと
恐《かしこ》み恐《かしこ》みも白《まを》す

二、大祓詞《おほはらひのことば》（中臣祓詞《なかとみのはらひことば》・宮地水位《みやちすいゐ》伝《でん》天津祝詞《あまつのりと》之《の》太祝詞《ふとのりとこと》）

高天原《たかまのはら》に神留《かむづまり》坐《ま》す
皇《すめら》 親《がむつ》 神漏岐《かむろぎ》神漏美《かむろみ》の命《みこと》以《もち》て
八百萬《やほよろづ》の神等《かみたち》を
神集《かむつど》へ 集《つど》へ賜《たま》ひ
神議《かむはか》り 議《はか》り賜《たまひ》て
我皇孫命《あがすめみまのみこと》は
豊葦原《とよあしはら》の水穂《みずほ》の国《くに》を

安国《やすくに》と平《たひら》けく所知食《しろしめせ》と事依《ことよさ》し奉《まつり》き
如此《かく》依《よさ》し奉《まつり》し国中《くぬち》に荒振神等《あらぶるかみども》をば
神問《かむとは》しに問賜《とはしたま》ひ
神掃《かむはらひ》に掃賜《はらひたま》ひて
語問《こととひ》し磐根樹立草《いはねきねたちくさ》の垣葉《かきは》をも語止《ことやめ》て
天《あめ》の磐座放《いはくらはな》ち
天《あめ》の八重雲《やへぐも》を伊頭《いつ》の千別《ちわき》に千別《ちわき》て
天降依《あまくだしよさ》し奉《まつり》き
如此《かく》依《よさ》し奉《まつり》し四方《よも》の国中《くになか》と
大倭日高見《おほやまとひたかみ》の国《くに》を
安国《やすくに》と定奉《さだめまつり》て
下津磐根《したついはね》に宮柱太敷立《みやばしらふとしきた》て

高天原《たかまのはら》に千木《ちぎ》高知《たかしり》て
皇孫命《すめみまのみこと》の美頭《みづ》の御舎《みあらか》仕奉《つかへまつり》て
天《あめ》の御蔭《みかげ》日《ひ》の御蔭《みかげ》と隠坐《かくりまし》て
安国《やすくに》と平《たひら》けく所知食《しろしめさ》む国中《くぬち》に成出《なりいで》む
天《あめ》の益人等《ますひとら》が
過《あやまち》 犯《をかし》けむ雑々《くさぐさ》の罪事《つみごと》は
天津罪《あまつつみ》と
畦放《あはなち》
溝埋《みぞうめ》
樋放《ひはなち》
頻蒔《しきまき》
串刺《くしさし》

生剥《いきはぎ》
逆剥《さかはぎ》
屎戸《くそへ》
許許太久《ここだく》の罪《つみ》を
天津罪《あまつつみ》と法別《のりわけ》て
国津罪《くにつつみ》とは
生膚断《いきはだだち》
死膚断《しにはだだち》
白人《しらひと》胡久美《こくみ》
己《おの》が母犯《ははをか》せる罪《つみ》
己《おの》が子犯《こをか》せる罪《つみ》
母《はは》と子《こ》と犯《をかせる》罪《つみ》

子《こ》と母《はは》と犯罪《をかせるつみ》
畜犯罪《けものをかせるつみ》
昆虫《はふむし》の災《わざはひ》　高津神《たかつかみ》の災《わざはひ》
高津鳥《たかつとり》の災《わざはひ》
畜《けもの》仆《たふ》し
蠱物為罪《まじものせるつみ》
許許太久《ここだく》の罪《つみ》出《いで》む
如此《かく》出《いで》ば
天津宮事《あまつみやごと》以《もち》て
※「大中臣《おほなかとみ》」という言葉は、水無月と師走の晦の大祓式のみ奏上す。
天津金木《あまつかなぎ》を本打切《もとうちきり》末打断《すへうちたち》て
千座《ちくら》の置座《おきくら》に置足《おきたら》はして

天津菅曾《あまつすがそ》を本苅断末苅切《もとかりたちすへかりきり》て
八針《やはり》に取辟《とりさき》て
天津祝詞《あまつのりと》の太祝詞事《ふとのりとこと》を宣《の》れ

※神仙道道士は、ここで天津祝詞の太祝詞言を密唱せよ。一般人は一呼吸間鎮魂せよ。

如此《かく》乃良《のら》ば
天津神《あまつかみ》は天《あめ》の磐門《いはと》を押披《おしひらき》て
天《あめ》の八重雲《やへぐも》を伊頭《いつ》の千別《ちわき》に千別《ちわき》て所聞食《きこしめさ》む
国津神《くにつかみ》は高山《たかやま》の末短山《すへひきやま》の末《すへ》に上坐《のぼりまし》て
高山《たかやま》の伊穂理《いほり》短山《ひきやま》の伊穂理《いほり》を掻別《かきわけ》て所聞食《きこしめさ》む
如此《かく》所聞食《きこしめし》ては

※「皇孫命《すめみまのみこと》の朝廷《みかど》を始《はじめ》て天下四方国《あめのしたよものくに》には」という言葉は、水無月と師走の晦の大祓のみ奏上す。

罪《つみ》と云《い》ふ罪《つみ》は不在《あらじ》と

科戸《しなと》の風《かぜ》の天《あめ》の八重雲《やへぐも》を吹放事《ふきはなつこと》の如《ごと》く

朝《あした》の御霧《みぎり》夕《ゆふべ》の御霧《みぎり》を朝風夕風《あさかぜゆふかぜ》の吹掃事《ふきはらふこと》の如《ごと》く

大津辺《おほつべ》に居《を》る大船《おほぶね》を舳《へ》解放《ときはなち》艫《とも》解放《ときはなち》て大海原《おほわだのはら》に押放事《おしはなつこと》の如《ごと》く

彼方《をちかた》の繁木《しげき》が本《もと》を焼鎌《やきかま》の敏鎌《とかま》以《もち》て打掃事《うちはらふこと》の如《ごと》く

遺《のこ》る罪《つみ》は不在《あらじ》と

祓給《はらひたま》ひ清給《きよめたま》ふ事《こと》を

高山《たかやま》之《の》末《すゑ》短山《ひきやま》之《の》末《すゑ》より

佐久那太理《さくなだり》に落多支都《おちたぎつ》速川《はやかわ》の瀬《せ》に坐《ま》す

瀬織津比売《せをりつひめ》と云《い》ふ神《かみ》大海原《おほわだのはら》に持出《もちいで》なむ

如此《かく》持出往《もちいでいな》ば

荒鹽《あらしほ》の鹽《しほ》の八百道《やほぢ》の八鹽道《やしほぢ》の鹽《しほ》の八百会《やほあひ》に坐《ま》す

速開都比売《はやあきつひめ》と云《い》ふ神《かみ》持可可呑《もちかかのみ》てむ
如此《かく》可可呑《かかのみ》てば
気吹戸《いぶきど》に坐《ま》す
気吹戸主《いぶきどぬし》と云《い》ふ神《かみ》
根国底国《ねのくにそこのくに》に気吹放《いぶきはなち》てむ
如此《かく》気吹放《いぶきはなち》てば
根国底国《ねのくにそこのくに》に坐《ま》す
速佐須良比売《はやさすらひめ》と云《い》ふ神《かみ》
持佐須良比《もちさすらひ》失《うしなひ》てむ
如此《かく》失《うしなひ》てば
今日《けふ》より始《はじめ》て罪《つみ》と云《い》ふ罪《つみ》は不在《あらじ》と
祓給《はらひたま》ひ清給《きよめたま》ふ事《こと》を

天津神《あまつかみ》
国津神《くにつかみ》
祓戸神等《はらひどのかみたち》
共《とも》に所聞食《きこしめせ》と
畏《かしこ》み畏《かしこ》みも白《まを》す

三、三種太祓《みくさのおほはらひ》（卜部神道《うらべしんとう》）

「天津祓《あまつはらひ》」

吐《と》普《ほ》加《か》身《み》依《え》身《み》多《た》女《め》

「国津祓《くにつはらひ》」

寒《かん》言《ごん》神《しん》尊《そん》利《り》根《こん》陀《だ》見《けん》

「蒼生祓《あをひとくさのはらひ》」

波《は》羅《ら》伊《ひ》玉《たま》意《ひ》清《きよ》喜《め》餘《て》目《た》出《ま》玉《ふ》

四、六根清浄太祓《ろっこんしゃうじゃうおほはらひ》（卜部神道《うらべしんとう》）

天照皇大御神《あまてらすすめおほみかみ》の宣《のたま》はく。
人《ひと》は即《すなは》ち天下《あめのした》の神物《かみ》なり。
須《す》べからく静《しづ》め謐《しづ》まることを掌《つかさど》る心《こころ》は即《すなは》ち神明《かみとかみ》との本主《もと》たり、
心神《こころのかみ》を痛《いた》ましむること莫《な》かれ。
是故《このゆへ》に、
目《め》に諸々《もろもろ》の不浄《けがれ》を見《み》て、心《こころ》に諸々《もろもろ》の不浄《けがれ》を見《み》ず。
耳《みみ》に諸々《もろもろ》の不浄《けがれ》を聴《き》きて、心《こころ》に諸々《もろもろ》の不浄《けがれ》を聴《き》かず。

鼻《はな》に諸々《もろもろ》の不浄《けがれ》を香《か》ぎて、心《こころ》に諸々《もろもろ》の不浄《けがれ》を香《か》がず。
口《くち》に諸々《もろもろ》の不浄《けがれ》を言《い》ひて、心《こころ》に諸々《もろもろ》の不浄《けがれ》を言《い》はず。
身《み》に諸々《もろもろ》の不浄《けがれ》を触《ふ》れて、心《こころ》に諸々《もろもろ》の不浄《けがれ》を触《ふ》れず。
意《こころ》に諸々《もろもろ》の不浄《けがれ》を想《おも》ひて、心《なかご》に諸々《もろもろ》の不浄《けがれ》を想《おも》はず。
此時《このとき》に清《きよ》く潔《いさぎよ》き事《こと》あり。
諸々《もろもろ》の法《のり》は影《かげ》と像《かたち》の如《ごと》し。
身《み》清《きよ》く心《こころ》潔《いさぎよ》ければ、假《かりそめ》にも穢《けが》るる事《こと》无《な》し。
説《ことば》を取《と》らば得《う》べからず。
皆《みな》、因《はな》従《よ》りぞ、業《このみ》とは生《な》る。
我身《わがみ》は則《すなは》ち六根清浄《むつのねきよくきよらか》なり。
六根清浄《むつのねきよくきよらか》なるが故《ゆへ》に、五臓《いつをさめ》の神君《かみ》安寧《やすくやすらか》なり。
五臓《いつをさめ》の神君《かみ》安寧《やすくやすらか》なるが故《ゆへ》に、天地《あめつち》の神《かみ》と同根《おなじもと》なり。

天地《あめつち》の神と同根《おなじもと》なるが故《ゆへ》に、万物《よろづのもの》の霊《たま》と同体《おなじすがた》なり。
万物《よろづのもの》の霊《たま》と同体《おなじすがた》なるが故《ゆへ》に、為《な》す所《ところ》の願《ねが》ひとして成就《なら》ずと云《い》ふことなし。
无上霊宝神道加持《うへなきみたからかむみちのかじり》

五、神変自在変穢成浄之上科津祓《じんぺんじざいへんゑせいじゃうのかみしなつのはらひ》（卜部神道《うらべしんとう》）

高天原《たかまのはら》に神留坐《かみとどまりましま》す皇親神漏岐《すめむつかむろき》神漏美《かむろみ》の命《みこと》を以《もち》て
死穢《まかるさはり》　産穢《うむさはり》　病穢《やまひのさはり》　妙犯穢《とつきのさはり》　月水穢《つきのさはり》　并《ならび》に
穢食《きたなきくひもの》　雑食穢《くさぐさのくひもの》の諸《もろもろ》の不浄《けがれ》をば
科戸風《しなとのかぜ》の吹払《ふきはら》ふ事《こと》の如《ごと》く
焼鎌《やきかま》の敏鎌《とかま》を以《もち》て打払《うちはら》ふ事《こと》の如《ごと》く
水《みつ》を以《もち》て火《ひ》を消《け》すが如《ごと》く

湯《ゆ》を以《もち》て雪《ゆき》を消《け》すが如《ごと》く
火《ひ》を以《もち》て毛《け》を焼《や》くが如《ごと》く
毛頭《けのさき》毛根《けのね》に至《いた》るまで
一切《あるほど》の穢気不浄《さはりけがれ》をば
日向《ひむか》の小戸《をと》の桧原《あはぎがはら》の上瀬《かみのせ》の
太《はなは》だ急《はや》き潮《しお》にて滌去《あらひす》きて
祓賜《はらひたま》ひ清賜《きよめたま》ふ事《こと》の由《よし》を
左男鹿《さをしか》の八《やつ》の耳《おんみみ》を振立《ふりたて》て
聞食《きこしめ》せと申《まを》す

六、神通自在心源清浄之下科津祓《じんつうじざいしんげんしゃうじゃうのしもしなつのはらひ》（卜部神道《うらべしんとう》）

高天の原《たかまのはら》に神留坐《かみとどまりまします》す
皇親神漏岐神漏美《すめむつかむろきかむろみ》の命《みこと》を以《もち》て
魂魄《たましひ》は日月《ひつき》の光《ひかり》を和《やはら》げ賜《たま》ふが如《ごと》く
身心《みこころ》は天地《あめつち》の元気《はじめ》に通《かよは》しめ賜《たま》ふが如《ごと》く
身《み》は安《やす》く
言《こと》は美《うるは》しく
意《こころ》は和《やはら》きて

諸の悪業煩悩邪念猛慮《もろもろあしきことはざわつらひなやみよこしまこころたけきをもはかり》をば
日向《ひむか》の小戸《をと》の桧原《あはきがはら》の
下瀬《しものせ》の弱《よは》く和柔《やはらやはらき》たる潮《うしほ》の如《ごと》く
罪《つみ》と云《い》ふ罪咎《つみとが》と云《い》ふ咎《とが》は不在《あらじ》と
祓賜《はらひたま》ひ清賜《きよめたま》ふ事《こと》の由《よし》をば
左男鹿《さをしか》の八《やつ》の耳《おんみみ》を振立《ふりたて》て聞食《きこしめ》せと申《まを》す

七、身禊祓詞《みそぎはらひのことば》（伯家神道《はっけしんとう》）

高天原《たかあまはら》に神留座《かむづまりま》す
皇御親《すめみおや》の神伊弉諾尊《かみいざなぎのみこと》
衆神御禊《もろかみみそぎ》の大水時《おほみとき》に生坐《なりま》せる神《かみ》
八十禍津日神《やそまがつひのかみ》
大禍津日神《おほまがつひのかみ》
神直日神《かむなほひのかみ》
大直日神《おおなほひのかみ》

底津海津見神《そこつわたつみのかみ》
底筒男尊《そこつつをのみこと》
中津海津見神《なかつわたつみのかみ》
中筒男尊《なかつつをのみこと》
上津玉積神《うはつたまつみのかみ》
上筒男尊《うはつつをのみこと》
及《およ》 祓殿《びはらひど》の諸神祇《もろかみがみ》
諸《もろもろ》 の障穢《さはりけがれ》を
祓《はら》ひ清《きよ》むる事《こと》の由《よし》を
平《たひら》けく安《やすら》けく
御諫給《みいさみたま》ひて聞食《きこしめ》せと白《まを》す

八、四十七音之傳《よそぢまりななこゑのつたへ》（日文祓詞《ひふみのはらひことば》・卜部神道《うらべしんとう》）

「人法惣修章」

人《ひ》含《ふ》道《み》善《よ》命《い》

「親子別修章」

報《む》名《な》親《や》子《こ》倫《と》

「心別修章」

元《も》因《ち》心《ろ》顯《ら》煉《ね》

「君別修章」

忍《し》君《き》主《る》豊《ゆ》位《ゐ》
「臣別修章」
臣《つ》私《わ》盗《ぬ》勿《そ》男《お》
「男女別修章」
田《た》畠《は》耘《く》女《め》蠶《か》
「家別修章」
續《う》織《を》家《え》饒《に》榮《さ》
「理法別修章」
理《り》宜《へ》照《て》法《の》守《ま》
「攻惡別修章」
進《す》惡《あ》攻《せ》撰《ゑ》欲《ほ》
「削欲惣修章」

我《れ》刪《け》

ひふみよいむなやこともちろらねしきるゆゐつわぬそをたはくめかう

おえにさりへてのますあせゑほれけ

九、天之数歌《あめのかずうた》（布瑠部神言《ふるへのかむこと》・宮中鎮魂祭《きゅうちゅうちんこんさい》）

一二三四五六七八九十
ひとふたみよいつむゆななやここのたり
百千萬
ももちよろづ
布瑠部由良由良止布瑠部
ふるへゆらゆらとふるへ

郵便はがき

恐縮ですが切手をお貼りください

101-0051

東京都千代田区神田神保町3-2
高橋ビル2階

株式会社 太玄社

愛読者カード係 行

フリガナ		性別
お名前		男 ・ 女

年齢	歳	ご職業	
ご住所	〒		
電話			
FAX			
E-mail			
お買上書店	都道府県	市区郡	書店

ご愛読者カード

ご購読ありがとうございました。このカードは今後の参考にさせていただきたいと思いますので、アンケートにご記入のうえ、お送りくださいますようお願いいたします。

●お買い上げいただいた本のタイトル

●この本をどこでお知りになりましたか。

1. 書店で見て
2. 知人の紹介
3. 新聞・雑誌広告で見て
4. DM
5. その他（　　　　　　）

●ご購読の動機

●この本をお読みになってのご感想をお聞かせください。

●今後どのような本の出版を希望されますか？

購入申込書

本と郵便振替用紙をお送りしますので到着しだいお振込みください（送料をご負担いただきます）

書　籍　名	冊数
	冊
	冊

●弊社からのDMを送らせていただく場合がありますがよろしいでしょうか？

□はい　　□いいえ

第二章　祝詞解説

一、禊祓詞（天津祝詞・平田篤胤伝）解説

今回収録した禊祓詞（天津祝詞）は、平田篤胤大人が卜部神道や伯家神道などの古伝の禊祓詞（身曾貴太祓）などを参照して構成した祓詞である。

明治時代には全国の神社や教派神道などで、修祓《しゅばつ》（お祓いのこと）を行う際に奏上されていた。

古神道や教派神道では、今もこの禊祓詞（天津祝詞）を使っており、現代の神社神道では、この天津祝詞をより簡略化した「祓詞《はらへのことば》」を制定して使っているが、それも平田篤胤大人の『毎朝神拝詞記』に基づいている。参考までに、全国の神社の大半を占める神社神道の祓詞を紹介すると、

「掛まくも畏き伊邪那岐大神
筑紫の日向の橘の小戸の阿波岐原に
禊祓へ給ひし時に成りませる祓戸の大神等
諸々の禍事罪穢有らむをば
祓へ給ひ清め給へと白す事を聞食せと
恐み恐みも白す」

となっている。

平田篤胤大人は『天津祝詞考（大祓太祝詞考）』の中で、この禊祓詞こそが「大祓詞」の中の「天津祝詞之太祝詞」であるとして、非常に重要視していた。それ故に、禊祓詞あるいは天津祝詞と呼ばれている。それを受けて、平田派の影響の強い大本教系の古神道教団では、今も大祓詞の奏上時に、「天津祝詞の太祝詞事を宣れ」の後、この天津祝詞を奏上しているが、それは大本の出口王仁三郎師が『大祓祝詞解説』中に於いてこの天津祝詞を、「天津祝詞太祝詞：すなわち御禊祓《みそぎはらひ》の祝詞の事で、正式に（大祓詞を）奏上する場合にはここで天津祝詞を奏上するのである。大体において述べると、あの祝詞は天地間一切の大修祓を、天神地祇《てんしんちぎ》に向って命ぜらるる重大な祝詞である」と言われているからであり、実際にこれも一つ有効な方法で、真伝の天津祝詞之太祝詞を知る機会のない場合の奏上方法であると言える。

ただし、平田篤胤大人自体は『大祓太祝詞考』の文末にて、先に天津祝詞之太祝詞を奏上し、その後に大祓詞を奏上すると記しておられる。

前述のように、この禊祓詞（天津祝詞）は平田篤胤大人が作られたものだが、古神道の大家である宮地水位先生は、天津祝詞を大祓詞の代わりになる代詞として奏上しても良いと伝えられておられる。

この『古神道祝詞 ＣＤブック』に採録した禊祓詞（天津祝詞）は、宮地水位先生の伝承とされているものを底本としている。

二、大祓詞（中臣祓詞・宮地水位伝天津祝詞之太祝詞）解説

大祓詞は、古来より「中臣祓詞《なかとみのはらひことば》」とも呼ばれ、宮中にて六月と十二月の晦日の日に行う「大祓」の際に奏上されてきた。中臣とあるのは、『日本書紀』の中で、中臣氏の祖である天児屋命《あめのこやねのみこと》が「解除《はらひ》の太諄辞《ふとのりとごと》」を司ったとあり、その伝承を受けて中臣氏が代々奏上したことから、「中臣祭文《なかとみのさいもん》」「中臣祓詞《なかとみのはらひことば》」「中臣祓《なかとみのはらひ》」とも呼ばれていた。

歴史的には平安時代の『延喜式』にも収録され、『古語拾遺』の中でも、「中臣祓詞」「中臣禊詞」などと記述されているため、奈良時代には原形が成立していたと言われる。

大祓詞は本来、宮中にて大祓を行う時に、参集した人々に宣り聞かせる宣読形式だったが、「中臣祭文」では、神前での奏上形式に変化している。この奏上形式の大祓詞である中臣祭文は、平安後期には積極的に用いられてきた。これ以降、人々の祈願の手

段として、祓が重んじられるようになったのである。

大祓詞は古来より、奏上することで個人の祓だけでなく、社会や天地の一切の罪、咎、穢が祓われ、祈願が叶うという、万能の究極の祝詞とされてきた。

私も古神道を学び始めた時に、師から「どのような祈祷や祝詞奏上、神法道術をすれば良いか迷ったら、大祓詞を無心に奏上し続けよ」と教わった。また、私が神社神道の神職資格を取得する際に、國學院大學や神職の先輩からも、「困った時は祓を行え」と教わったが、実際に古人は、大祓詞を千度奏上する千度祓や、一万度奏上する万度祓などを行ってきた。このように、数を重ねることで効験が増すという考えを、古神道では「数を重ねる秘儀」として伝えている。


古来から、大祓詞中に「天津祝詞の太祝詞事を宣れ」とある、その「天津祝詞の太祝詞事」とは何かと問題にされてきたが、賀茂真淵、本居宣長などは、大祓詞自体のことであるとする説を唱えており、現在の神社神道はこれを採用している。これに対して平田篤胤は、『古史伝』の中で「天照大神から口伝の天津祝詞之太祝詞事という祝詞があり、中臣家に相伝された」という、卜部吉田家伝来説を唱えておられる。

私自身は、我が師仙である宮地水位先生伝承の天津祝詞之太祝詞を授かり、それを大祓詞に入れて奏上している。

大祓詞を実際に奏上するには、流派によって古来いろいろと違いがある。卜部吉田神道では、最初に「神祇感応中臣祓《じんぎかんのうなかとみのはらひ》」と唱えてから「高天原に……」と奏上する。その時の声も、「天津祝詞の太祝詞事」と「気吹戸主神」というところは、声を強く大きく力を込めて奏上するという口伝がある。また「天津祝詞の太祝詞事を宣れ」の時には、吉田家秘伝の天津祝詞の太祝詞事を密唱する。『古神道祝詞ＣＤブック』での大祓言葉の奏上法も、基本的にはこの卜部吉田神道の奏上の口伝に則っている。

伯家神道では、「謹上再拝《おそれながら》」と唱えてから「高天原に」と奏上する。

伊勢神道では、「銭切散供《せんぎりさんく》」、つまり切った紙とお米を混ぜたものを左、右、左と撒いてから大麻《おほぬさ》（神道でお祓いをする時に使う基本的な道具）を持ち、「謹上再拝《きんじゃうさいはい》」と唱えて「高天原に」と奏上し、「天津祝詞の太祝詞事を宣れ」の時に一拝、あるいは一拍手する祭式作法を伝えている。

このように、流派によって作法はそれぞれ違うが、何であれ至誠通天さえすれば良く、ただ「誠」のみが神人合一する秘訣である。

この大祓詞（中臣祓詞）は、平田篤胤先生の訓読を元にした、宮地水位先生より伝承されてきたとするものを底本にしている。大祓詞を採録するにあたっては、どの大祓詞を選ぶかという選択が非常に重要になってくる。最初は卜部吉田神道の中臣祓詞を紹介しようとも思ったが、やはり我が師仙である宮地水位先生より伝わる大祓詞を選んだ。宮地水位先生は平田派の流れを汲むので、平田篤胤大人（神仙道では羽雪大《うせつだい》霊寿真人《れいじゅしんじん》という神仙名で日々拝している）の大祓詞正訓とほぼ同じ訓読であるが、水位先生のお考えが入ってこの大祓詞になっている。

『古神道祝詞 ＣＤブック』のいちばんの特徴は、神道の秘中の秘とされる「天津祝詞之太祝詞」を（微声での修唱なので、何を唱えているかまでは聴こえないとはいえ）、秘伝の奏上のすべてを録音するという初の試みをしたことだ。

こうしたことは本来ならば許されることではないが、この激動の時代を生きる人々を救うために、神仙の特別の許可がおり、今回に限り許された。

そして、この古神道祝詞のＣＤを聴くことにより、真の大祓詞の完全な姿を垣間見た方々は、無限の道福を得て、魂魄は清められ、ついには神人合一して、真の人となれる機縁が生じることだろう。

三、三種太祓（卜部神道）解説

「三種太祓《みくさのおほはらひ》」は、「三種祓《みくさのはらひ》（さんじゅのはらひ）」「三大神咒《かじり》」とも呼ばれ、卜部吉田神道では『三種太祓之大事』という秘中之極秘伝として大切に伝授されていた。

この三種太祓は、その名のごとく三種類の祓詞で構成されている。

第一が「天津祓《あまつはらひ》」で、いわゆる「吐普加身依身多女《とほかみえみため》」は平安朝の『江家次第　巻十八』にもある神咒であり、朝廷の神祇官の占いを司る卜部が、太占《ふとまに》の亀卜《きぼく》を行う時に用いられていた。その一音ごとに秘伝があるとされ、木火土金水の五行が配されていたり、三種神器に配当されるほか、「遠《とほ》つ神愛《かみえ》みたまへ」の意味であるともされている。秘伝の一端を明かせば、この天津祓は天を祓い、天の気を降ろす秘咒《ひじゅ》である。

第二が「国津祓《くにつはらひ》」で、「寒言神尊利根陀見《かんごんしんそんりこんだけん》」は易の八卦から来ているが、江戸期以降にこれは我が国の古伝ではないと批判され、吉田家はそれ以降、三種祓から削除した形で伝承している。しかし、秘伝の一端を明かせば、この「国津祓《くにつはらひ》」こそ地を祓う神咒であり、天の気を下ろした地上を祓い清める力があるので、これを省くと地上世界の祓ができなくなり、削除してしまえば二種祓になってしまう。

第三が「蒼生祓《あをひとくさのはらひ》」で、「波羅伊玉意清喜餘目出玉《はらひたまひきよめてたまふ》」、つまり誰でも知っている「祓たまへ清めたまへ」であるが、これは蒼生、つまり地上に住むすべての人々を祓い清める神咒であり、秘伝の一端を明かせば、「波羅伊玉意」は内清浄、つまり自分の内面である心や魂を清め、「清喜餘目出玉」は外清浄、つまり自分の外面である身体を清めるのである。また、極めて重要な秘伝としては、きよめ「て」たまふという完了形になっているところが眼目であり、京都の吉田家にて三種太祓を正式に伝授された者のみが、「きよめてたまふ」という真伝を得ることになり、真伝を得ていない者は、通用の「きよめたまふ」の伝を使っていたのである。

このように三種太祓は、天津祓、国津祓、蒼生祓の三種よりなる祓詞であるが、卜部吉田家にては、この三種祓は天地人三才の大神咒であり、日月星辰の秘密の名であるとされている。

この天地人のすべてを祓い清める祓詞を、幕末の国学者である大国隆正は、その著作『天都詔詞太詔詞考』にて、「天津祝詞＝とほかみえみため」と提唱し、鈴木重胤も『大祓詞講義』にて同様の説を提唱している。そのせいか、今日では神道や古神道系教団でも採用しているところがある。

卜部神道で三種太祓を実際に奏上する時には、十宝印（左右の指を、右の小指が一番下になるように外に組み、両親指は立てて並べ合わせる。密教の外縛印《げばくのいん》と同じ）を結び固めて奏上する。

この『古神道祝詞　CDブック』に採録した三種太祓は、卜部吉田家に伝わる『三種太祓之大事』を底本としている。

四、六根清浄太祓（卜部神道）解説

卜部神道の数ある秘伝の祝詞・祓詞の中でも、卜部神道の教義の中では「大祓詞」よりも上位に位置づけられるほどに極めて重要とされ、卜部兼倶撰述の「神道大意」の根本ともなっている「六根清浄大祓」。

この「六根清浄大祓」は、目、耳、鼻、舌、身、意の六根の不浄《けかれ》を祓い清め、その六根を清浄にして、自己身中の五臓神や天地の萬神に通じて、神への祈願を成就させるための祓と祈願の二つの効験がある、非常に霊験あらたかな祓詞《はらひことば》である。

御影舎主、意訳して曰く、

天照皇大御神さまがおっしゃられるには、霊止《ひと》には私（天照皇大御神）の霊魂を分け与えているのだから、人間《ひと》はその身そのままで、地上の神なのです。

心を清浄に静謐にすれば、そのまま人は、神々そのものになるのです。

自分の心の中の神性《かみ》を、粗悪な思いや行いで傷つけてはいけません。

神性が宿る人の身だからこそ、眼や耳や鼻や口や身体や意識に不浄を感じたとしても、それは少しも人の心身を穢すものではないのです。

それは清浄という事なのです。

清浄とは、影が本体に付き従うように、身心が清浄であれば、人はその身そのままで穢れることはないということです。

言葉や思考に囚われてはいけません。

大元である天照皇大御神の霊魂が清らかなのですから、それを受けて産まれた人はすべてが清らかなのです。

だから、私たちはそのままですべてが清らかなのです。

すべてが清らかなのだから、身中に宿る神々も安寧なのです。

身中の神々が安寧だということは、天地の神々と同じ根本から生まれたということなのです。

天地の神々と同じ根本から生まれたのだから、万物の霊と同じ姿なのです。

万物の霊と同じ姿なのだから、心に想う願いはすべて成就して叶わないということはないのです。
最上の霊的な宝（人）よ、
神の道の加持（梶）を取れ。

六根清浄太祓の根本をなす六根清浄の思想は、神道に限らず『北斗玄霊経』などの道教経典や、『法華経』などの仏教経典にも見ることができるほど根源的な思想であり、それが両部神道や伊勢神道、修験道に導入され、さらに卜部兼倶によって、伊勢神道五部書の『宝基本記』や『倭姫命世記』などの天照大御神の御託宣や、密教の偈文、道教の『太上元霊北斗本命延生経註』などを参照して完成されたと思われるが、卜部神道では非常に重視されている。

卜部神道で六根清浄太祓を奏上する時には、十宝印（左右の指を、右の小指がいちばん下になるように外に組み、両親指は立てて並べ合わせる。密教の外縛印と同じ）を結び固めて奏上する。

この『古神道祝詞　CDブック』に採録した六根清浄太祓は、私が伝授を受けた卜部吉田神道の切紙を底本とし、卜部吉田神道の『神道寶前進退作法』『祓品々秘書』『神拝作法　六根清浄太神宣』を参照している。

五、神変自在変穢成浄之上科津祓（卜部神道）解説

上科津祓は卜部吉田神道の秘伝の三科祓《みしなのはらへ》の一つである。

三科祓は、卜部吉田神道では顕露教秘伝の奥位に属していた祓詞であり、神道で行われる禊祓の起源として、黄泉の穢れを祓おうとした伊邪那岐命が「上の瀬は流れがとても速い」、また「下の瀬は流れがとてもゆるい」と言われて、ちょうど良い流れの中の瀬において気枯《けが》れた身をすすぎ洗おうとした伝承を元とし、上科津祓、下科津祓、中科津祓の三部構成になっている。

上科津祓は、人々が生活の中で出合う死や出産や病気、また産褥期や女性の月経、知らず知らずに食物から受ける穢れを、伊邪那岐命の禊祓された上の瀬の急流の力で

祓清めようとする除災の祓詞である。

御影舎主、意訳して曰く、

全宇宙（高天原）に神の氣（エネルギー）が充満しています。

宇宙のすべての親のような存在である陰と陽の氣（エネルギー）を受けて、

死、つまり存在が滅すると言う氣の枯れ（エネルギー不足）、

産み、つまり何かを生み出そうとする時のエントロピー増大のような氣の枯れ、

病、つまり氣があるべき状態で無い時の氣の枯れ、

妙犯、つまり何かを産み終えて生命力が不足している時の気の枯れ、

月のもの、つまり何かを生み出そうとする際のメンテナンスで休息すべき生命力が

不足している時の気の枯れ、

また、清らかな火を使わずに調理した不浄な食物（エネルギー）や、その不浄な食

物（エネルギー）を口にしてしまった（身体に取り入れてしまった）時の気の枯れを、

清らかな風で吹きはらうように、

清らかで鋭い鎌で打ちはらうように、

水で火を消すように、

お湯で雪を溶かすように、
氣の先端から氣の根源に至るまで一切の氣の枯れ（エネルギー不足）を、
日向の小戸の桧原の上瀬の非常に力強い潮（エネルギー）にて滌《すす》ぎ去って、
祓い清めてくださいますように、
聴覚の優れた鹿が耳を振り立てて聞くように、
聞き入れてくださいますようにと申し上げます。

この上科津祓は、卜部吉田神道の秘中之極秘であり、また神変部に属するものであり、穢れを変じて清浄へと生成するという強い力を持つ。
かつて神功皇后が三難征伐に奔走なされていた時に、船中においてこの祓を修められていたと伝えられている。

この『古神道祝詞 ＣＤブック』に採録した上科津祓は、『神祇提要』所収の「三科祓」及び『祓品々秘書』を底本とした。

六、神通自在心源清浄之下科津祓（卜部神道）解説

下科津祓は、上科津祓と同じく三科祓の一つであり、下の瀬の優しくやわらいだ緩流のような言霊で祓清め、魂の安寧と活力を取り戻す息災の祓詞である。

御影舎主、意訳して曰く、

全宇宙（高天原）に神の氣（エネルギー）が充満しています。

宇宙のすべての親のような存在である陰と陽の氣（エネルギー）を受けて、

太陽と月の光（エネルギー）が魂魄を優しく和らげるように、

天地の元気（エネルギー）と身と心がつながり一つになるように、

身体はリラックスして、言霊は美しく、心意は優しく和らいで、

悪業、つまり諸々の誤まりが積もった不純な氣（エネルギー）、
煩悩、つまり心の迷いからくる悩みの氣（行き所のない不浄なエネルギー）、
邪念、つまり邪《よこしま》な想いが生み出す不正な氣（エネルギー）、
猛慮、つまり荒々しい考えや想いなどの荒れた氣（エネルギー）などを、
日向の小戸の桧原の下瀬の非常に優しく柔《やわ》らかい潮（エネルギー）のように、
積み重なった不浄な氣（エネルギー）である罪や不正な氣（エネルギー）である咎は存在しないように、祓い清めてくださいますように、
聴覚の優れた鹿が耳を振り立てて聞くように、
聞き入れてくださいますようにと申し上げます。

この下科津祓は、秘々中之深秘の大事であり、また神通部に属して心の奥底までもを清浄へと導く。

そして、神の現れて感応せられる、霊妙な働きを持つ神器である鏡の中でも、最上とされる真澄《ますみ》の鏡《かがみ》を象徴するものとされ、鏡を見ることで、自己の内在せる神霊《かみ》を拝する真澄の祓となっている。

この『古神道祝詞ＣＤブック』に採録した下科津祓は、『神祇提要』所収の「三科祓」及び『祓品々秘書』を底本とした。

七、身禊祓詞（伯家神道）解説

古神道の中でも、有名だが実質が不透明な伯家神道の禊祓詞である。

実は、世間に流布している伯家神道を自称しているものの大半が、本来の白川伯王家の伝承とは違うのだが、この禊祓詞にも、大別して三種類がある。

第一が今回のＣＤに採用したものであり、第二は伯家神道の真正の秘伝書たる『伯家部類』に所載されているもの、第三は伯家の学頭でもあった平田篤胤大人の『天津祝詞考（大祓太祝詞考）』に所載されているものである。

この違いは篤胤大人も疑問に思われたようで、『伯家部類』所載の祝詞と、実際の白川家門人の使っている祝詞が違うと『天津祝詞考（大祓太祝詞考）』の中で考察しておられる。

この三種類のどれを採用するかは迷ったが、やはり私自身が実際に伝授されて奏上していたものを採用した。このヴァージョンは、古神道家の間では非常に霊験があるとされてきたものである。

この身禊祓詞の基本は、「一、」の「禊祓詞」と同じである。

『伯家部類』中の「神事傳授之事」の「水濺祓《みそぎのはらひ》」には、

高天原に神留まり在す
神漏岐神漏美の命を以て
日向の橘の小戸の檍原の九柱の神等
阿波の水戸を速吸名戸の六柱の神等
諸の障穢を祓ひ玉ひ
清め給ふと申す事の由を
八百萬の神等に聞看せと申す。

と記されている。

また、平田篤胤の『天津祝詞考（大祓太祝詞考）』中の第二文には、

高天原に神留まり坐す皇御祖神伊弉諾尊
日向の橘の小戸の檍原に
御禊の大御時に成出る神
八十枉津日神
神直日神
大直日神
底津海童神　底筒男命
中津海童神　中筒男命
表津海童神　表筒男命
祓戸の諸神達
諸の障穢を祓ひ賜ひ清め賜へと申す事の由を
平らけく聞食せと恐み恐みも申す

と記されている。

ちなみに、伯家神道では、この身（御）禊祓詞、三種祓詞、中臣祓詞（大祓詞）、ひふみ祓詞を非常に重視していることを、老婆心として書き残しておく。

この『古神道祝詞 ＣＤブック』に採録した身禊祓詞は、私が伯家神道の伝授を受けた時の切紙（伝書）を底本とし、『伯家部類』及び平田篤胤大人の『天津祝詞考（大祓太祝詞考）』を参考としている。

八、四十七音之傳（日文祓詞・卜部神道）解説

四十七音之傳は、「ひふみ祓詞」「ひふみ祝詞」「ひふみ神歌」「ひふみ神文」などとも呼ばれているが、すべて四十七の清音で構成され、言霊の精華として特別な霊力を発揮するとされている。

『旧事本紀』を重要視していた卜部吉田神道においては、「神事本紀」の記載から、天照大御神が大国主命に伝えたとされ、それを大国主命と思兼命《おもいかねのみこと》が意を同じくしてこの四十七言をもって神代文字を造ったと伝え、これが神代のイロハであるとし、朝夕にこれを唱えるようにと伝えている。ただし、平田篤胤大人は『神字日文伝』にて、四十七音之傳の漢字の当てはめ等は否定しているが、四十七音の日文《ひふみ》自体は肯定し、『神字日文伝』を著しているのである。

また伯家神道においても、この日文祓詞は非常に重視し、常用している。それ故か、この日文祓詞を鎮魂《みたましずめ》や帰神（神憑り）の神咒としている古神道家も多い。少し変わったところでは、一部に熱烈な信奉者のいる「日月神示」は、別名「ひふみ神示（一二三神示）」とも呼ばれているが、「日月神示」の中で、この「ひふみ祓詞」を独特の三、五、七のリズムで奏上するように教えている。

「ひふみ、よいむなや、こともちろらね、しきる、ゆゐつわぬ、そをたはくめか、うおえ、にさりへて、のますあせゑほれけ」

干支九星学を追求なさった望月治先生は、この日文祓詞を「魂の子守歌」と呼んで珍重なさっておられたが、さすがにこれは本質を突く良い言葉だと思う。

この『古神道祝詞　ＣＤブック』に採録した四十七音之傳は、『事相方内傳草案』所収の「四十七音之傳」を底本とし、『旧事本紀』『神字日文伝』を参考にした。

九、天之数歌（布瑠部神言・宮中鎮魂祭）解説

天之数歌は、宇宙そのものである天之御中主神《あめのみなかぬしのかみ》が、宇宙の生成化育、つまり宇宙創造の順序を言霊にした神咒である。

古くは『旧事本紀』の「天神本紀」によれば、物部氏の祖神である饒速日命《にぎはやひのみこと》が天降りする際に天神御祖より十種神寶《とくさのかむだから》を授かり、その時にこの神咒を唱えながら十種神寶をゆらゆらと振り動かせば、死んだ人でさえ生き返ると教えられたと記されている。

また、平田篤胤大人の『古史伝』にも、天の岩戸開きの際に天鈿女命《あまのうづめのみこと》が神憑りして「ひとふたみよ、いつむゆなな、やここのたり、ももちよろづ」と歌いながら舞い踊ったと記されている。

この「天之数歌」という名称自体は、大本の出口王仁三郎師が名付けたとされてい

るが、その神咒自体は、卜部吉田神道では「一十之法」あるいは「布留之法」と呼ばれ、また「ひふみ神言」「布瑠部神言」などとも呼ばれて、古くは宮中での鎮魂祭においても「鎮魂の咒詞」として奏上されていた。

天の数歌は単なる数の順序ではない。幽の幽である大元霊が百千万の運化を経て生成化育し、顕の顕としての宇宙を創造される順序をうたい上げ、その力徳をたたえる言霊である。

出口王仁三郎師が幽の神憑り状態になり口述した『霊界物語』第四十三巻第十八章「石室」には、

「これは重要なる讃美歌で、天の数歌と云ひます。皆さまもこれから間があれば、この数歌をお唱ひなさい」

とあり、同じく『霊界物語』第十三巻「総説」においても、

「天の数歌は天之宇受売命に始まり、後世に到りては鎮魂祭の際に、猿女の君に擬したる巫女が受気槽を伏せて、その上に立ち鉾を槽に衝立てこの歌を謡ひ、以て天皇の御寿命長久を祈りしものなり」

とあり、また同じく『霊界物語』第七十三巻第十章「婚ぎの御歌」の「註」には、

天之数歌を言霊学で解釈して、

「一は霊也、火也、日也。

二は力也、吹く呼吸《いき》也。

三は体也、元素也。

四は世界の世也。

五は出る也。

六は燃る也。

七は地成る也。

八は弥々益々の意也。

九は凝り固るの意也。

十は完成の意也。

百は諸々の意也。

千は光也、血汐の血也。

万は夜出るの意也。

之を大括して略解すれば、霊力体によって世が発生し、水火の呼吸燃え上り、初めて地成り、弥々益々水火の気凝り固りて完全無欠の宇宙天界は完成され、諸々の地の光は暗夜に出現して総てのものの目に入るといふ言霊にして、造化三神の神徳を称へ奉り、其の徳にあやかりて紫微天界を修理固成し、諸神安住の清所に照らさむとの意を謳ひ給ひしものと知るべし」

と記されてあるのが、よく参考になると思う。

出口王仁三郎師は、この天之数歌を鎮魂や帰神を行う時に奏上するように教えていたが、治病や危篤の患者の蘇生などを祈祷する際にもよく使われる。

特に注意したいのが、「布瑠部」を「ふるべ」と濁って発音している神職や自称古神道家がたまにいるが、正しくは「ふるへ」と清音で発音すべきである。これは宮地水位先生が、『鎮魂式一家法』の中で、「この部の字を古人は濁音に訓見《よみ》たる故に其意を失へるなり。布瑠《ふる》は振にて部は清音にて令言なり」と記されていることでもわかるだろう。

この『古神道祝詞ＣＤブック』に採録した天之数歌（布瑠部神言・宮中鎮魂祭）は、『事相方内傳草案』所収の「十寶之法　或十種神寶」及び「一十之法・布留之法」を底本とし、『旧事本紀』『古史伝』『鎮魂式一家法』『霊界物語』などを参考にした。

第三章　祝詞奏上法

それでは、今までは神職にならないと学ぶことが難しかった、祝詞奏上の作法を説明していく。独特の用語が続くので難しく感じるかもしれないが、実際にやってみると簡単な動作や注意にすぎないので、安心して奏上してほしい。

祝詞奏上作法

深揖
二拝
二拍手
祝詞奏上
二拍手
二拝
深揖

作法解説

揖《ゆう》（深揖《しんゆう》）

深揖＝頭を45度下げる、２秒程度。

拝《はい》

拝＝頭を90度下げる、３秒程。

拍手《はくしゅ》（かしはて）

一、合掌し両手を目の高さまで上げて「く」の字の角度に腕を曲げる。
二、合掌している右掌の中指の先を、左掌の中指の第二関節まで引く。
三、両掌を肩幅ほど静かに左右に開き、全身全霊を込めて、手を打ち合わす。
（一回一回を同じように打つ）

四、拍手が終われば、関節分を引いた右掌を元のように左掌と揃える。

・拍手の指先は天、あるいは神様に向けること（横や下に向けない）。

・『古事記』冒頭の「高天原に成りませる」とは、高天原（宇宙）に「成《な》」りませる＝「鳴《な》」りませるであり、宇宙は音が鳴ったことで成ったという言霊的観念を持って行うこと。

《注意点》

・拍手を打つ時の合掌は宇宙の太極（天之御中主大神）であり、右手（陰＝神皇産霊神＝神漏美）を引き、左手（陽＝高皇産霊神＝神漏岐）との変化を生じさせて、高天原を生み出す（ビッグバン）という心で行うこと。

・拍手は、太極（宇宙＝高天原）が動きだす陰と陽のビッグバンであるので、良い音は鳴らなくとも魂をこめて打つこと。

・拍手を打つ回数は基本は二回だが、御祭神やその神社の回数に従うこと（神宮は八回、出雲大社は四回など）。

・吉田神道の拍手は、神様を招いたり帰したりするために、左記のように音の大小をつける。

降神＝①小さく拍手　②大きく拍手
昇神＝①大きく拍手　②小さく拍手

発音

歴史的かな使いそのままの発音をすること。但し、そのままの発音をしようとしても、流れのままに慣用の発音になっても構わない。

《例》

一、原則として、
「はらひたまひ」と訓み、「はらいたまい」とは訓まない。

「まをす」と訓み、「もうす」とは訓まない。

しかし、「はらひたまひ」と心では訓もうとしたが、「はらいたまい」と口から発音が出てしまったとしても構わない。

二、「なりいでむ」と読み、「なりいでん」とは訓まない。

※上古には「ん」という発音はなかったので、古来から「ん」の言霊《ことたま》はなく、「む」である。

三、「て」「に」「を」「は」などの語尾は、気持ち弱目に発音する。

四、最後の「畏み畏みも白す」の部分は、特にゆっくりと奏上し、「まをーすー」の最後の「すー」は、息が続く限り長く、少しずつ消えるような感じに発音する。

祝詞奏上の心得

・節をつけない（一定の音程で）
・明るく朗らかな声で
・淡々と奏上する
・一音一音同じリズムで
・我流の癖をつけない
・ＣＤを良く聴いて真似る

・まずは禊祓詞（天津祝詞）を完璧に奏上できるようにする
・通常の奏上、祓の奏上、鎮魂の奏上など用途別に奏上の仕方も変える
（通常はゆっくりと丁寧に、祓は力強く早めに、鎮魂は重厚にゆっくりとなど。CDは通常の奏上である）

出口王仁三郎は『玉鏡』の中で、
「人間は往々にして無意識に祝詞を奏上することがある。さう云ふ時、祝詞中途に止まると後が直ぐ出なくなるものである。機械的に祝詞を奏げるのは全く蝉が啼いてゐるのと同じで、ただ囀るだけのやうなものである。これでは本当の祝詞奏上にはならない。又本当の信仰と云ふことは出来得ないのである。祝詞はベンベンダラリと奏上するのも宜くないが、駈足で奏上するのもいけない」
と語っているが、祝詞奏上の心得として非常に参考になる。

最後に、「落語はリズムとメロディだ」と言ったのは立川談志師匠だが、私は祝詞奏上も同じく、リズムとメロディだと思う。

それ故に、私の古神道の弟子には、私の祝詞奏上を完コピして覚えてもらう。それ

がいちばんの上達法であり、完コピしてもちゃんと自分の味は出てくるものだ。

この『古神道祝詞 ＣＤブック』は、祝詞の独習や教授の良き教材ともなり、誰でもこの古神道祝詞のＣＤをよく聴いて、そのまま同じように奏上していただければ、祝詞の言霊の霊妙な働きにより、力を入れずに天地を動かし、目に見えぬ鬼神をもあはれと思わせ、人々の心と関係を和らげて、荒ぶる神や鬼神や霊や人々の心をも慰め、天を地を人を清め、また人間関係や病、ひいては世界を清めることができるようになるだろう。

CD『古神道祝詞』の実践活用法

CD『古神道祝詞』

CD採録祝詞

一、禊祓詞（天津祝詞・平田篤胤伝）
二、大祓詞（中臣祓詞・宮地水位伝天津祝詞之太祝詞）
三、三種太祓（卜部神道）
四、六根清浄太祓（卜部神道）
五、神変自在変穢成浄之上科津祓（卜部神道）
六、神通自在心源清浄之下科津祓（卜部神道）
七、身禊祓詞（伯家神道）
八、四十七音之傳（日文祓詞・卜部神道）
九、天之数歌（布瑠部神言・宮中鎮魂祭）

各祝詞の効果・霊験

一、禊祓詞（天津祝詞・平田篤胤伝）

通常は修祓《しゅばつ》、つまり「お祓い」に使う。この祝詞を奏上することで、霊的に禊祓をしたことになり、その場はもとより、そこにいる人々や物品などを祓い清める霊験がある。

また、後述する『大祓詞』の代詞（代用）として、各種の祈祷・祈願などにも使うこともできる。その場合は『天之数歌』などをその後に続けて奏上することが多い。

神拝詞の一つとして神社や神棚などで奏上するのも良い。

二、大祓詞（中臣祓詞・宮地水位伝天津祝詞之太祝詞）

『禊祓詞』と同じく、「お祓い」にも多大な効験を発揮するが、それと同等以上に、万能の祈祷・祈願の大神咒としても大霊験を発揮する。

三、三種太祓（卜部神道）

万能の「お祓い」としての霊験があるが、神拝詞として、また霊能開発にも抜群の霊験がある。霊的なエネルギーの充電効果は高い。

さらには、家の鎮め（鎮宅）や方位の災厄を祓うなど、風水的な効果を高める霊験がある。

四、六根清浄太祓（卜部神道）

自分自身の身体と魂の「お祓い」に優れた霊験を発揮し、また願望成就の祈祷・祈願の霊験も非常に高い。

卜部吉田神道においては、中臣祓詞（大祓詞）よりも、この六根清浄太祓を上位の祝詞と位置付けている。それ故か、自分の魂魄の霊格（レベル）を上げ、運気を向上させ、開運するのに非常に霊験を発揮する大神咒である。

五、神変自在変穢成浄之上科津祓（卜部神道）

特に外から来る穢れを祓い清めて、清浄に変化させる霊験がある。

具体的には、人々が生活の中で出合う死や出産、病気、また産褥期や女性の月経、知らず知らずに食物から受ける穢れを清明（生命）力に変える、優れた霊験を発揮する。

六、神通自在心源清浄之下科津祓（卜部神道）

特に自分の内面、つまり心や精神や魂を癒して安寧を取り戻し、活気づけて大きく広げていく霊験があり、「癒しの祝詞」としての効果は、他の追従を許さない。

また、自分の心の中の神性を取り戻し、自分の霊魂を自分で拝む御鏡御拝（自霊拝）の祝詞として、非常に優れた効験を発揮する。

七、身禊祓詞（伯家神道）

基本的には『禊祓詞』と同じ霊験を発揮するが、それ以外の使い方としては、『三種太祓』『四十七音之傳（日文祓詞）』とともに、三つの祝詞を奏上する白川家伝の伯家神道の神拝の基礎となる。

また、自己の霊性開発や魂魄磨きに特別の霊験がある。

八、四十七音之傳（日文祓詞・卜部神道）

単独に奏上しても、鎮魂、帰神、お祓い、慰霊、霊性開発などに非常に霊験あらたかである。

また、「魂の子守歌」として、心身の癒しの効果も高い。

九、天之数歌（布瑠部神言・宮中鎮魂祭）

『禊祓詞』の後に奏上することによって、神拝、治病、蘇生、鎮魂、帰神、場の浄化などに非常に優れた霊験を発揮する。

また、単独に奏上しても、万能の霊験を発揮する。

CD『古神道祝詞』の活用法

一、瞑目し、心を落ち着けてCDを聴くことで、身心の浄化、魂魄の清明、鎮魂、帰神や霊性開発ができ、また身中の氣の流れが良くなり、オーラが浄化され明るく強くなり、開運できる。

二、このブックレットを見ながらCDを聴き、一緒に祝詞を奏上することで、祝詞を覚える事ができ、正しい祝詞奏上を身につけることができる。また、神祇に愛され、神人合一に至ることができる。

三、清めたい部屋や家などでCDを流すことで、場の浄化・お祓いをすることができ、毎日行うと風水が良くなる。

四、眠りにつく時、CDを聴きながら眠ることで安眠でき、また睡眠中の護身や結界が自動的に行われ、夢の中で神仙や光に包まれるような霊的な夢を見ることができる（イヤホン推奨）。

五、心や魂が傷ついている時は、どのような心境でも、どのような体勢でも、どのような状況でも、このCDを聴くことで言霊の霊妙な力で魂が癒され、心が強くなり、運気が向上して悩みが消え失せ、開運して幸せになる。

六、CDを日々聴き続けることで、良い産霊《むすび》の縁が生じ、恋愛、仕事、人間関係、神祇神仙との吉縁が結ばれる。

付録ＣＤ『古神道祝詞』

トラック１　禊祓詞（天津祝詞・平田篤胤伝）　0′58″

トラック２　大祓詞（中臣祓詞・宮地水位伝天津祝詞之太祝詞）　5′48″

トラック３　三種太祓（卜部神道）　0′18″

トラック４　六根清浄太祓（卜部神道）　2′39″

トラック５　神変自在変穢成浄之上科津祓（卜部神道）　1′23″

トラック６　神通自在心源清浄之下科津祓（卜部神道）　1′11″

トラック７　身禊祓詞（伯家神道）　0′59″

トラック８　四十七音之傳（日文祓詞・卜部神道）　0′43″

トラック９　天之数歌（布瑠部神言・宮中鎮魂祭）　0′47″

【著者紹介】

御影舎 古川陽明（みかげのや ふるかわやうめい）

霊学私塾「御影舎」主宰。神職。宮地神仙道道士。

少壮より神秘主義と武術の研究・実践に没頭、その博覧強記ぶりはジャンルを問わず、西洋魔術から密教まで幅広く、特に古神道霊学、宮地神仙道、占術では紫微斗数、遁甲、六壬などに通暁する。

各種の神職資格を持ち、分裂した宮地神仙道の断絶を憂いてその保持に努め、吉田神道、土御門神道の復興に尽力している。

https://note.mu/koshintonorito

古神道祝詞 CDブック

2016年5月30日　初版発行
2025年6月20日　第10刷発行

著者――御影舎 古川陽明

編集――村山久美子
本文デザイン・DTP――細谷 毅

発行者――今井博揮
発行所――株式会社太玄社
TEL 03-6427-9268　FAX 03-6450-5978
E-mail: info@taigensha.com　HP: https://www.taigensha.com
発売所――株式会社ナチュラルスピリット
〒101-0052　東京都千代田区神田小川町3-6-10　M.Oビル5階
TEL 03-6450-5938　FAX 03-6450-5978
E-mail: info@naturalspirit.co.jp

印刷所／シナノ印刷株式会社

ISBN978-4-906724-25-3 C0014

—メモ—

—メモ—